公開霊言

ヤイドロンの本心

コロナ禍で苦しむ人類への指針

大川隆法
Ryuho Okawa

まえがき

二〇二〇年末に、映像を公開した、宇宙存在ヤイドロンからの啓示である。

内容的には、日本政府、日本の大手マスコミ、また、米大統領選で見せたアメリカ国民の民意、アメリカの主要マスコミの報道とも大きく異なる。

ただ簡潔な内容の文章に、今から三千年余り前に、モーセに十戒《じっかい》を降ろした神の言葉のようなものを感じた。

ヤイドロンの言葉を信じるなら、日本や、日本と価値観を共有する世界の主要国は未来を拓《ひら》く力を得るが、この言葉を黙殺《もくさつ》したら、一層の危機が試《ため》しとしてやってくるということだ。どちらを選ぶかは地球人の自治《じち》に委《ゆだ》ねられている。このようなことは過去の文明にも何度となくあったことだ。人類が救世主《セイビア》とともにあらんことを。

二〇二一年　一月十九日

幸福《こうふく》の科学《かがく》グループ創始者兼総裁《そうししゃけんそうさい》　大川隆法《おおかわりゅうほう》

ヤイドロンの本心　目次

ヤイドロンの本心

―コロナ禍《か》で苦しむ人類への指針―

二〇二〇年十二月二十七日　収録

幸福の科学　特別説法堂《せっぽうどう》にて

4

「中国型兵法」で世界帝国《ていこく》の再現を狙《ねら》う中国　57

「霊言現象《れいげんげんしょう》」とは、あの世の霊存在等の言葉を語り下ろす現象のことをいう。これは高度な悟《さと》りを開いた者に特有のものであり、「霊媒現象《れいばいげんしょう》」（トランス状態になって意識を失い、霊が一方的にしゃべる現象）とは異なる。外国人霊や宇宙人等の霊言の場合には、霊言現象を行う者の言語中枢《ちゅうすう》から、必要な言葉を選び出し、日本語で語ることも可能である。

なお、「霊言」は、あくまでも霊人《れいじん》の意見であり、幸福の科学グループとしての見解と矛盾《むじゅん》する内容を含《ふく》む場合がある点、付記しておきたい。

ヤイドロンの本心

―コロナ禍《か》で苦しむ人類への指針―

二〇二〇年十二月二十七日　収録

幸福の科学　特別説法堂《せっぽうどう》にて

ヤイドロン

マゼラン銀河・エルダー星の宇宙人。地球霊界《れいかい》における高次元霊的な力を持ち、「正義の神」に相当する。エルダー星では、最高級の裁判官兼《けん》政治家のような仕事をしており、正義と裁きの側面を司《つかさど》っている。かつて、メシア養成星《せい》でエル・カンターレの教えを受けたことがあり、現在、大川隆法として下生《げしょう》しているエル・カンターレの外護《げご》的役割を担《にな》う。肉体と霊体《れいたい》を超越《ちょうえつ》した無限の寿命《じゅみょう》を持ち、地球の文明の興亡や戦争、大災害等にもかかわっている。

［質問者三名は、それぞれＡ・Ｂ・Ｃと表記］

1　宇宙存在ヤイドロンの思いを地球の人に伝える

大川隆法　先日、十二月八日にさいたまスーパーアリーナで「“With《ウィズ》 Savior《セイビア》”――救世主と共に――」という題で講演いたしました。

その題は、宇宙存在ヤイドロンからの霊示《れいじ》として出した本の題名と同じでありましたけれども、実際には、そのさいたまスーパーアリーナの講演の支援《しえん》霊には、ヤイドロンさんは入っていませんでした。

『ウィズ・セイビア　救世主とともに』（幸福の科学出版刊）

支援霊には入っていなくて、警備のほうを中心にやっておられたということで、本当は自分だったら言いたかったこともおありになるのではないかとは思うので、今日はそれを訊《き》いてみようかと思います。

また、現在、地球規模での大きな異変がいろいろと起きそうな雰囲気《ふんいき》も漂《ただよ》っておりますので、そうしたことを治外法権的立場にある方から、どんなふうに見ておられるのか、お訊きできればと思います。

なお、今日のも霊言《れいげん》に当たるのか……、まあ、霊言と言えば霊言なのだろうと思うのですが、これに当たりましては、前回の本を八月に録《と》ったときに、〝普通《ふつう》の人間〟の支援霊に訊くみたいなことをいっぱい訊いていたので、「そういうことでは、ちょっと趣旨《しゅし》が違《ちが》うのではないか」という意見も出ております。

また、なるべく、幸福の科学内部のことを訊いて〝シャンシャンパーティー〟風にするのはやめたいと思っております。

できるだけ、外部的なことをどんなふうな目で見ているのかについての質問等を頂いたほうがよいかと思っております。注意する点はそのくらいであります。

では、さっそく入ります。

それでは、日ごろの守護、ご支援に感謝しております。宇宙存在ヤイドロン氏よ。ヤイドロンさんの思いを地球のみなさまにお伝え願いたいと思います。

（約二十秒間の沈黙《ちんもく》）

2　二〇二〇年末の時点で地球はどう見えるか

コロナに関しては、二〇二一年、もっと悪い惨状《さんじょう》が広がるだろう

ヤイドロン　ヤイドロンです。

質問者A　ヤイドロン様、本日はお越《こ》しくださり、まことにありがとうございます。

ヤイドロン　はい。

質問者A　日ごろ、大川隆法総裁先生をお護《まも》りくださり、また、人類への指針などを私たちに降ろしてくださり、本当にありがとうございます。

冒頭《ぼうとう》、総裁先生からもお話がございましたが、本年は、ヤイドロン様の霊示《れいじ》による『ウィズ・セイビア　救世主とともに——宇宙存在ヤイドロンのメッセージ——』（幸福の科学出版刊）という経典《きょうてん》も、この夏に発刊されましたし、楽曲「ウィズ・セイビア」も賜《たまわ》りました。今、全国・全世界で信者を中心に拝聴《はいちょう》し、また歌わせていただいています。

CD＋DVD「ウィズ・セイビア」（作詞・作曲 大川隆法、編曲 大川咲也加・水澤有一、発売・販売 幸福の科学出版）

本日は、「ヤイドロンの本心」というタイトルで現在のお考えや人類へのメッセージを伺《うかが》いたいと思っております。よろしくお願いいたします。

ヤイドロン　はい。まあ、当たるかどうかは知りませんが、私たちの感じているところを、特に私が考えているところ等を、何らか少し変わった意見として聴《き》いてくだされば幸いかと思っています。特定の利害にかかわらない立場からお話し申し上げたいと思っています。

質問者A　現時点で宇宙からご覧になって、地球はどのように見えているでしょうか。

私たちの認識では、やはり、今年はコロナが発生しまして、いまだ収束せず、第二波、第三波の到来《とうらい》が世界ではっきりしてきており、感染《かんせん》が再拡大中かと思います。

また、世界ナンバーワンであるアメリカの大統領選挙も、制度上、いちおう当確が出るような状態ですが、トランプさんはまだ巻き返しといいますか、確定させるところまでは行っていないということで、戦っているような状況《じょうきょう》です。

このあたりが、これからの地球の未来において大きな意味があるのかと思っているのですけれども、二〇二〇年の年末時点で、ヤイドロン様はどのように見ておられるのでしょうか。

ヤイドロン　まあ、私は、「古代の地球人」にとっては神の一人ですけれども、「現代の地球人」にとっては神とは思われていない存在なので、私が言うことで地球人が動くということはほとんどないだろうと思っております。

ですから、この少ないチャネルを通して何らかの意見を述べて、それが時代の変遷《へんせん》のなかで遺《のこ》りうるものかどうかということになるだろうと思っています。

コロナウィルスに関しましては、年初より、ごく小さな段階で宇宙のほうからも意見は出ていたと思いますけれども。

まだ本当に一万とか二万とかいう感染者の数のころに、もう最初の霊言《れいげん》が出ていると思いますけれども。

まあ、「天文学的な数字になるだろう」というようなことを言っていて、当時としてはかなり大きな話になっておりましたけれども、第三波ぐらいまで今来ていて、現時点（二〇二〇年十二月二十七日）で八千万人ぐらいは感染していて、二百万人前後の死者を出しているのではないかと思います。

この数字は、当初言っていたとおり、もう少し大きくなると思います。これはしかたありません。

『中国発・新型コロナウィルス感染 霊査』（幸福の科学出版刊）

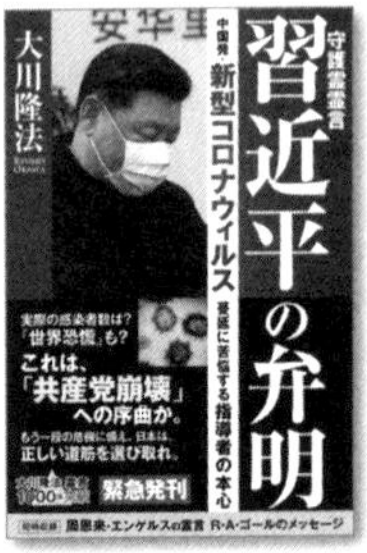

『守護霊霊言　習近平の弁明』（幸福の科学出版刊）

まあ、ワクチン等、各国で製造中ですけれども、本当に効くかどうかが分かるには時間がかかりますし、ワクチンが製造され始めたら変異種がいっぱい出てき始めておりますので。変異種というのは、「今つくっているワクチンが効かない」ということを、これは意味しているので。

ですから、今、すでに広がっているものに対してのワクチンがつくれても、新しいかたちについてのワクチンは、また研究しなければつくれないということになりますので、違《ちが》ったかたちで広がりは続くであろうと思っています。

ですから、「年が明けて新年になったら、一月や二月でこれがほぼ終焉《しゅうえん》して元どおりに戻《もど》れる」というようなことを考えている人がいるとしたら、それは、たいへん残念な希望的観測になるだろうと思います。

ですから、来年（二〇二一年）を見通して見るかぎりは、今年よりもっと悪い惨状《さんじょう》が広がることになるだろうと思います。

人類の手で「原因の探究」「世界正義の実現」をなしてほしい

ヤイドロン　アメリカについては別途《べっと》また質問がありましょうから、それで話をいたしますが、まあ、われわれとしては、一概《いちがい》にこれをですね、何らかのかたちで瞬時《しゅんじ》に救済しようというふうには思ってはおりません。

人類にとっての文明実験でもあるし、試練でもあるし、自《みずか》らが受け止めねばならないものでもあると思っています。

われわれは一貫《いっかん》して言っておりますけれども、「これは自然発生的なものではない」ということで、「人工的につくられたものであって、兵器性がある、ウィルス兵器としての性質を持っている」ということを述べておりますが、まあ、それにはっきりと追随《ついずい》しているのは月刊「ザ・リバティ」ぐらいであって、あとは、たまにそういうことを述べているものも、まあ、ポツポツ、個人の意見、責任において述べているものはありますけれども、全体的にはそれを信じないほうが強かったために、国際情勢も足並みが揃《そろ》っていないし、アメリカのマスコミにも影響《えいきょう》を与《あた》えなかったということになっているのではないかと思います。

ただ、これは、われわれにとってはもう異論がないことで、「人工でつくられたもので兵器性があって、種類も一種類ではない」ということは、最初からそう思っていたものであるのですが、ただ、「こういうことをしたら、どういうことになるか」ということは、人類は学ぶ必要があるので、これを瞬時に消し去るつもりはございません。

もっと大きな被害《ひがい》になりますけれども、「この原因の探究」はやっぱり人類の手でしていただきたいし、「こういう原因行為《こうい》をなした者に対して、どのような判定をすべきか」ということを人類自身でやっぱり出していただきたいし、何と言いますか、「それの判定の結果、どのような世界正義が実現されるべきか」ということについても、人類の責任においてなしていただきたいなと思っております。

もしかすると、私どもの本等も英語で訳されているものもございますので、アメリカのトランプ大統領等は、「来年一月二十日までに、バイデン氏が突如《とつじょ》、雷《かみなり》に打たれて死ぬのではないか」と待っている可能性もあって、「辞《や》める」と言わないでいるのかも……、可能性もないとは申し上げませんけれども、私たちが〝殺人宇宙人〟になってしまうので。そんなはっきり目に見えることは、今はしようとは思っていないので、原因については人類でその結果を受け止めていただきたいと思っています。

まあでも、そのつど、アドバイスについてはしていくつもりです。

人類は「まだまだ文明的には発展途上《とじょう》にある」と知るべき

ヤイドロン　この一年を見るかぎり、「マスコミを中心とする、人類のつくっている世論《せろん》というのはいかに不確かなものであるか」ということが明らかになって、現在、混沌《こんとん》状態になっているということが言えるし、あとは、現代の学問の最先端《さいせんたん》と思われていた医療《いりょう》ですね、「宗教をも追いやって学問の王座に座《すわ》ろうとしている医療・医学の分野が、まったくの無力感に打ちひしがれている」ということを、今、経験していると思うんですね。

これはつらい経験であるかもしれないけれども、「まだまだ文明的には発展途上《とじょう》にある」ということを知っていただきたいと思うし、「神仏、高級神霊、あるいは宇宙的存在を否定できるようなところまで、人類の科学はまだ来ていないんだ」と知っていただきたい。

日本も、〝小さなロケット〟を打って、(小惑星《しょうわくせい》の)リュウグウとかいう所に行って、小さな欠片《かけら》ですかね、星の小石の欠片みたいなのを持って帰ったりして、最近、大喜びしておりましたですけれども、そのレベルとわれわれのレベルには、そうとうの差があるということですね。

このレベル差は、「技術差」であると同時に「認識力の差」でもあるので、こうした認識力の差がある者の意見と合わないというのは、まあ、当たり前のことであろうと思います。

あなたがたは、何年もかかってはるかな所まで行って、その宇宙の岩石の一部を採取して帰ったということで喜んでいるが、私らは、そんなのはほんのもう二、三秒もあれば行って帰ってこられるぐらいであるので。まあ、失礼に当たるかもしれませんが、人間がアリの巣穴《すあな》を見て、アリが出たり入ったりしているのを見ているような、そんな気持ちで見ています。

〝集団自殺〟に向かおうとしている人類が気づくべきこととは

質問者Ａ　以前、ヤイドロン様から、「地球を俯瞰《ふかん》したときに、人類は集団自殺をしたがっているように見える」というお言葉を賜りました。

今のお話でも、「まだまだコロナ問題は終わっていない」ということでしたが、やはり、人類の状況というのは変わっていないとお考えでしょうか。

ヤイドロン　そう思います。「〝集団自殺〟しようと思っている」と思います。それは、もちろん原因があるわけですから。

集団自殺というのは、例えば、ネズミ（レミング）の群れや、『聖書《せいしょ》』によれば、悪霊《あくれい》に憑《つ》かれた豚《ぶた》の群れ（レギオン）が集団で海に飛び込《こ》んで死ぬみたいなものですよね。

海に飛び込めば、それは溺《おぼ》れ死ぬのは分かっていることですけれども、集団で何千匹《びき》、何万匹と丘《おか》から下って海に飛び込んでいけば、リーダーが中心になって飛び込んでいけば、みんな、ついていって一緒《いっしょ》に溺れて死んでしまう。

それは原因・結果から見れば明らかなことなのに、その先を走っているリーダーたちが分からないために、そういうことが起きますよね。

あるいは、火のなかに飛び込むやつもいるかもしれないし、崖《がけ》の上から飛び降りるものもいるかもしれないけれども。こういう、わざと危機を招く方向に先頭集団が突《つ》っ込んでいく場合は、止められないものはあるよね。

その愚《おろ》かさに気づくこと自体が「智慧《ちえ》」であるということでもありますね。

だから、地球でやっているいろんな政治、経済、科学、医療、その他いろんな方面において最先端のことをやっているつもりであろうが、それが

「自らを滅《ほろ》ぼすものになっている」ということは、結果が出ないかぎり認めやしないないし、結果が出ても認めない可能性もあるので、まあ、その愚かさに気づいて本来の世界に立ち返るまで、われわれは、意見は言うことはあっても、強制介入《かいにゅう》はするつもりはありません。

3　流動化する国際政治の危機

大統領選挙で明らかになった「アメリカの民主主義の脆弱《ぜいじゃく》さ」

質問者B　危機を招く方向にリーダーが行ってしまう場合があるというお話があったのですが、今、この局面でいちばんの危惧《きぐ》といいますか、懸念《けねん》されているのは、おそらく、アメリカが一月二十日以降、どんな感じの動きになるのかということだと思います。ここは世界中が注目していると思うのですけれども、今おっしゃった観点から、そのあたりに関してはいかに見ておられますか。

ヤイドロン　まあ、アメリカは地球の二百カ国近い国のなかでは、最も進んでいる国の一つと見られているところですけどね。そこで、二千万人近い感染者《かんせんしゃ》が今出ていて、おそらく三十万人を超《こ》えるぐらいの死者が出ている状態ですね（収録時点）。

これに対して、「トランプ大統領は無為無策《むいむさく》で何も手を打たなかったために、こうなった」という突《つ》き上げが出て、この逆風が大統領選への影響《えいきょう》としてそうとう大きかったたし、マスコミもそれの責任を問うていたことも多いし、国民もそう思っていただろうと思いますね。

で、トランプ氏自身は、「これは中国の陰謀《いんぼう》による」というようなことを言ってはいたけれども、これを信じる人は少なかったというか、マスコミはほとんど否定してウィルス自然発生説を……。中国が、今、一生懸命《いっしょうけんめい》、「世界各地で同時に自然に発生したのだ」みたいな説をばら撒《ま》いていたり、あるいは、「アメリカが中国に持ち込《こ》んだもので、中国でそれを撒いたのだ。それが中国から外へ出ていった」というような説で。まあ、信じる人はほとんどいないと思いますが、そういうことを言っていて、分からないように混乱させていって、ファジーなかたちになってはおりますよね。

だから、ここのところを、大統領としての無為無策の責任を取らせたのが一つと。

もう一つは、自分たちにそうした火の粉《こ》がかかっている状態が、選挙戦の最中《さいちゅう》にあったため、国際正義の実現において有効な手が打てなかったところも大きかったかなと思うんですね。

だから、中国の危険性、国際政治的な危険性について、まあ、香港《ホンコン》その他、あるいは南方の海域において危険な点、あるいは尖閣《せんかく》諸島についても危険な面が、そうとう出ておりますけれども、これに対して、アメリカの大統領は大統領選のなか、民主主義の弱点を突かれて機動的な動きはできなかったし、今年は本来、中国に対して軍事的な何らかの威嚇《いかく》をすべきであったと思うのですけれども。

私どももそうするであろうと予想していたのですけれども、逆に、警官による黒人暴行事件等がテーマにされて、「黒人差別問題」、あるいは黄色人種、中国を批判したために「黄色人種差別問題」のほうにすり替《か》えられて、そういうアンチの活動のほうに持っていかれて、マスコミもこれに乗ってきたということで。

まあ、アメリカが……。私らの側から見たら、これほどまでにアメリカの民主主義が脆弱《ぜいじゃく》で愚《おろ》かであるということに対して、まあ、ある意味では私たちも勉強になったというか（苦笑）、地球人の残念さが、もう痛感されるもので。こんなことも……、「敵か味方か」「何が敵で、何が味方か」が分からないのだなということに対しては啞然《あぜん》とするものはあったし、大と小を取り違《ちが》えるところ、小さいことを大きく言い、大きなことを小さくする、この傾向《けいこう》についても、今後のマスコミのあり方について大きく反省していただきたいなと思っている点だろうし。

「最もいけないシナリオ」のほうに進んでいくバイデン氏

ヤイドロン　バイデン氏も、おそらく、トランプ氏の対中国強硬《きょうこう》路線から、また、仮想敵をロシアに戻《もど》そうとするであろうから、そして、中国に対して甘《あま》くなりますから、それは結果的に中国とロシアを近づけることになるだろうと思うので、世界はいっそう不安定さを増すだろうと思います。

孤立《こりつ》化させなければいけないところを、（中国の）仲間の国を増やすような動きをやったら、これは、世界を二分化して「世界戦争」の大きな構図をつくることになりかねないので。ロシアと中国を組ませたら、これは、核《かく》戦争をやっても、アメリカが勝つかどうかは分からない状況《じょうきょう》になってきます。ユーラシア大陸全部を壊滅《かいめつ》させなければいけないぐらいになりますので。

ロシアと中国が、アメリカと核戦争の危機を迎《むか》えたら、もう手が出せるところはほぼないでしょうね。

だから、やってはいけない、「最もいけないシナリオ」のほうにバイデン氏は進んでいって。ロシア疑惑《ぎわく》を暴《あば》けばトランプ氏をさらに追い込めると思って、「自分のほうの責任を回避《かいひ》する」「対中国との関連を否定する」ために、ロシア疑惑のほうをまた押《お》し込んでくると思われるので。世界が「平和」になって、「分断から統合へ」と言っているけれども、その逆になって、世界は「危険」になって、さらに「分断される方向」に流れていくだろうと思っています。

中露《ちゅうろ》がくっつき、〝日本が戦場になる可能性〟も高まってきた

質問者B　その中露《ちゅうろ》による危険が、ある種、最も鮮明《せんめい》に現れてくる地域というのが、日本の周辺といいますか、東シナ海、南シナ海を含《ふく》めて、この極東のあたりだと思います。もちろん、今のバイデン政権がどんな動きをするかにもよるのですけれども、そのあたりの危機感といいますか、危機具合がどんな感じで展開しうるのか、あるいは、それに対してどうすべきなのかというあたりに関してはいかがでございましょうか。

ヤイドロン　ロシアのプーチン氏は、トランプ政権が続く感じでは、ロシアとアメリカが敵対するところまでは行かないというつもりというか、気持ちは持っていたと思うんですが。

バイデン氏が、ロシアを敵対国として認識して……、これはもう昔の人ですね、もう、冷戦下の八〇年代の人だと思うんですが（苦笑）。だから、「米ソ冷戦の時代」の思考が頭に残っていると思うので。そちらのほうに持ってきたら、もう、これは〝アメリカの古い遺伝子〟が出てくるところなんですが。

そうしますと、ロシアはどうしても中国……、中国も孤立しているが、ロシアも制裁されていますので、くっつくのは確実にくっつく。二カ国がくっつけば、まあ、何とか生き残れるかたちになりますので。

そうすると危険なのは、中国が南シナ海、東シナ海等への海の制海権での脅《きょう》威《い》を与《あた》えるとともに、制空権も目指しているところだと思いますが、ロシアは、今度は「極東方面」、「北方四島からシベリア方面」の軍事力を高めて、アメリカが攻《せ》めてきた場合の防衛と称《しょう》して、さらに軍事力を……、まあ、今もやっていますが、もっと高める可能性があると思います。

こういうことになったら、どうなるかということですが、無意識下にバイデン氏の考えていたとお

『米大統領選　バイデン候補とトランプ候補の守護霊インタビュー』（幸福の科学出版刊）

り、〝日本が戦場として使われる可能性〟が極《きわ》めて高まってきた。挟《はさ》み撃《う》ちされますので。ロシア、中国に挟み撃ちされ、そして、アメリカは日本を基地として使おうとするから、〝日本が戦場になる可能性〟もかなり高まってきたというふうに考えるべきで。

まあ、これについて、日本のマスコミ等がまったく無防備であることについては慨嘆《がいたん》せざるをえないし、日本の国会や、そして野党等もまったく無防備であるところは残念ですね。

だから、安倍《あべ》氏が首相をしていたときに、ロシアとの関係を、やっぱり推《お》し進められなかったのは残念で、その戦略的意味が十分に分かっていなかった点もあろうかとは思いますが、「戦争の危機」は高まったと。トランプ氏からバイデン氏に移ることによって、世界が平和になるのではなくて、「戦争の危機」が高まって、アメリカの指導力が落ちて、無法者《むほうもの》が出てくる可能性が高まっているということが言えると思います。

自由主義圏《けん》の〝御本尊《ごほんぞん》〟のアメリカを総力戦で壊《こわ》しにかかる中国

質問者C　今、「米中対立」から「米露対立」の方向にシフトする可能性があるとのお話でしたが、アメリカ大統領選を振《ふ》り返ったときに、完全に決着したとも言い切れないところがあると思います。トランプ大統領が、かねてから主張している不正選挙疑惑のなかには、例えば、「二重投票があった」というような話のほかに、「外国の干渉《かんしょう》があったのではないか」

ということもあると思うのですが、日米の主流メディアがあまり触《ふ》れてはいない点になっています。

これに関して、中国共産党政権がトランプ政権に対して仕掛《しか》けた側面があったのではないかという干渉の有無《うむ》について、どのようにご覧になっているのでしょうか。今、この中国共産党政権の脅威が、地球的規模での最も大きなテーマになっていると思いますが、宇宙から俯瞰《ふかん》して、地球の状況をいかがご覧になっているでしょうか。

ヤイドロン　中国のほうは総力戦でやっていますので。ウィルスだけでやっているわけではありませんで、アメリカのハイテク技術を盗《ぬす》むのもやっておりますし、いろいろなそうしたロビー活動、その他、使えるものは全部使ってやっていますよね。

それで、カナダも結局、中国の侵攻《しんこう》がいっぱいあって、内部で親中派に政権を持っていこうとしていたのを、トルドー政権も危険に気づいた。もちろん、イギリスも気づいた。今、フランスも気づいて、オーストラリアも気づいていますよね。

ですから、まあ、強気と言えば強気ですけれども、そうした自由主義圏《けん》の〝御本尊《ごほんぞん》〟であるアメリカそのものを、シロアリが食うようになし崩《くず》し的に壊《こわ》そうと、「総力戦」を中国はかけているところですよね。

だから、バイデン氏もおそらくロシア疑惑をまた……。トランプさんが、今、恩赦《おんしゃ》とかやってですねえ、ロシア疑惑にかかわって逮捕《たいほ》されているような人たちに恩赦とかを与えていますけれども、（バイデン氏は）その逆に、ロシア疑惑をもう一回掘《ほ》り返しに入って、要するに、自分の中国疑惑のほうに関心を向けさせないように、たぶんしてくるだろうと思うので、仲は必ず悪くなるでしょうね。

何が正義か分からない状態、混沌《こんとん》のなかにあって何ができるか

ヤイドロン　まあ、トランプ氏もそうだし、プーチン氏もそうだし、金正恩《キムジョンウン》もそうかもしれないし（笑）、そういう全権を持って交渉したがるタイプの人たちは、相手の人物を見て、信用できるかどうかで物事を見ていま

すので。だから、空気で流れるような人に対しては、あんまり相手にしないところがありますよね。

トランプ氏と二回会談した北朝鮮《きたちょうせん》だって、これから来年一月以降、二〇二一年以降は、また元に戻ってしまった感じになるから。トランプ氏の場合、会って話して、まあ、親子のような年でもあったこともあって、ある程度、信用していたところはあると思うんですね。

だから、北朝鮮が脅威として……、やっぱり、その脅威を拡大しなければ、アメリカは「国を潰《つぶ》す」ところまでやらないというところについて、一定の安心感は持っていたのと同時に、北朝鮮、まあ、韓国《かんこく》も含めてなんですが、朝鮮半島が中国に攻められる恐《おそ》れもあることは感じているので。

貿易の九割は中国が占《し》めているということは、中国はいつでも北朝鮮は〝絞《し》め殺せる〟ということになっていますので。これは、中国がもしアジアへの侵略と同じように朝鮮半島を取りに来た場合には、もう逃《に》げ場はない状態になりますので、アメリカのほうとパイプを残しておくことが、彼らにとって、最悪、生き延びる方法ですよね。万一《まんいち》のときは、トランプの胸のなかに飛び込んで「助けてくれ」と言うことで、それを阻止《そし》することはできた可能性があったけれども、ここが非常に危機感を持っていると思います。

だから、国際政治的なものは、起きてみないともう分からないことが多いのですけれども、まあ……、年が変わったら、あっという間に流動化し始めるのではないかと思いますから。

この「ウィルスによる世界同時危機」と、それと、「覇権《はけん》をめぐっての争い」とが同時に進行して、何が善、何が正義かもう分からない状態、混沌《こんとん》のなかにあって、「その混沌をつくった本人というか、つくった本場であるアメリカ自身が正義を正すということができるか」といえば、かなり難しい。

マスコミだって、自分らが支持し、反対したものに対する責任は、少なくとも四年はありますから、反対のことを主張するのはかなり難しいことになるだろうと思います。

まあ、このときに、いったい何ができるかということですね。厳しいと思います。

現政権はコロナのなか、不景気のなかで、無残《むざん》な解散となる？

質問者B　そうなりますと、地上の話で恐縮《きょうしゅく》なのですけれども、そういう二重の危機がいよいよ来るとなりますと、日本政府といいますか、菅《すが》政権の考え方のところが、極めて重要にはなってきます。そのへんに関して、特に外交問題を含めた今後の読み、およびあるべき姿に関して、ご教示いただけますと幸いです。

ヤイドロン　考え方としては分かっているとは思うのですけれども、九月就任から十二月までの間に、あっという間に支持率が落ちておりますので、彼自身の持っているキャパシティーや人気の問題がね、そうした強い考え方でもって「物事を断行するに足る結果をもたらすかどうか」ということを考えますと、もう政権を維持《いじ》するので精一杯《せいいっぱい》というのが二〇二一年だろうし、解散がなされねばならない。

その解散も、おそらくは、オリンピックもパラリンピックも、もう駄目《だめ》になるなかで解散しなきゃいけないので。「オリンピックの用がなくなったから解散する暇《ひま》がある」というぐらいのことですが、コロナのなかで、不景気のなかで、無残《むざん》な感じの解散になるため、その後、強力な政権ができるかというと、その保証はないと思われます。

ですから、日本も厳しいですねえ。もう〝感謝祭の前の七面鳥《しちめんちょう》〟みたいな感じではないでしょうか。

4 「中国型兵法」で世界帝国《ていこく》の再現を狙《ねら》う中国

次に追い上げてくる大国をも潰《つぶ》そうとしている中国

質問者B　先ほど、Aさんのほうからもありましたけれども、集団自殺というか、何か集団的に精神病に罹《かか》っているような状況《じょうきょう》が根本《こんぽん》にあって……。

ヤイドロン　罹っていますよ（笑）。

質問者B　それが今、日本的にも世界的にもいろいろ現象に現れつつあって、危機として表面化しているというお話でした。

そうなりますと、もちろん、そこに対して対策は打っていくわけなのですが、一方では、「どういうことが起きてくるのか」ということに関しても少し考えておかなければいけない部分はあるのかなと思います。

まず「ウィルス」というかたちで姿は一つ出てきておりますけれども、二〇二一年あるいはそれ以降、どういう感じで推移していくのか、あるいは何かほかに現れてくるのかというあたりに関し、もしご教示賜《たまわ》れる面があればお教えいただければと思います。

ヤイドロン　まあ、とにかく、中国の今の指導者がものすごく強気であることは確かでしょうね。

だから、アメリカ、欧米《おうべい》に関してあれだけ感染《かんせん》を広げているのは、まあ、考え方としては分かるが、インドにもあれだけの感染を起こして、もうインドも一千万人近くいっているのではないかと思うんですが（二〇二〇年十二月末時点）。

インドというのはすごく菌《きん》に強い国民でありますから、「インド人がウィルスに罹るぐらいなら、白人なんかはもう、それはもうとっくの昔にこの世を去っていなければいけない」というぐらい、彼らは菌に対して強い。

インド人が罹るぐらいなら中国人だって罹るはずなので、それが、「ほとんど罹っていない」と公称《こうしょう》しているわけですが、まあ、このへんの秘密も明らかにされねばならないとは思うんですけれども。

インドは菌には強いはずなんですよ。だから、インド人を倒《たお》せる菌まで研究しているはずだと思うんですね。だから、インド人が〝未経験〟のものですね、それを研究したのだと思うのですが。

（中国が）アジアを支配するときにインドも邪魔《じゃま》になりますので。だから、アメリカに次いで、次はインドが感染国になっているという。それから、ブラジルも大きいですよね。

だから、こうした大国を、中国を追い上げてくるはずの次の、次の大国をも潰《つぶ》そうというところまで入っているということですので、そうとう強気だし、何か自分の生きている間にこの世界戦略を完成させようと思っている人がやっているとしか思えませんね。

ウィルスによってイギリスを孤立《こりつ》させた裏にある意図

ヤイドロン　だから、いやあ、同時多発ですよね。これは、アメリカもやっているが、ヨーロッパもあれだし、そして、イギリスを孤立《こりつ》させているでしょう？

「イギリスに今、変異種がいっぱい出てきた。イギリスからの渡航《とこう》を認めない」という、各国でもそうなってきておりますから、ヨーロッパからも「ブレグジット」で孤立する予定だったのに、さらには、今度はウィルスの関係で、他のウィルス感染国がイギリスを入れないというかたちになって、これはイギリスの香港《ホンコン》への支配力をストップさせようとしている感じは明らかですよね。こんな状態で、どうして軍艦《ぐんかん》なんか香港まで送れましょうか。

だから、英米の共同しての香港への軍事的圧力、これをかけさせないところまで考えているやつがいるということですね。

ここまでマスコミの頭は回っていない。

〝善意〟で考える人々には想像がつかない大量無差別の攻撃《こうげき》

質問者B　今回、取材のなかで、ある専門家が「一国が同時に世界中に対して戦争を仕掛《しか》けたのは歴史上これが初めてだ」ということを、いみじくも言ってはいたのですけれども。

ヤイドロン　そう。

質問者B　先ほどの「原因を究明する」という観点で言うと、ご存じのとおり、今おっしゃったイギリス発のいわゆる変異種と称されるものが先週から急に出てきて、今朝《けさ》、日本も「外国からの人が入るのは禁止というのを、とりあえず一カ月やる」と決めたのですが、今回のロンドン発のものも、その前の急に欧米に広がったものと極《きわ》めて出方が似ているので、いちおう変異種とは言われているのですけれども、五番目の、あらかじめ用意されていた感染力の強いウィルスを撒《ま》いたのかなという疑いが客観的には非常にあるのですが。

ヤイドロン　目に見えないからね。それは……、「結果」になるんですよね。「結果」が出てから分かることで、事前に分からないんですよね。

推理小説的に、何かそういう〝悪い人〟が企《たくら》んで何かをやろうとしているというふうな感じで見ていれば、そういうふうに見えることもあるんだけれども、そういうことを思わないで〝善意〟で、WHOの局長みたいに〝善意〟で見ておれば、もうまったく全部、結果論にしかすぎないことになりますよね。

ウィルスの場合は、目に見えないものだから、どういうかたちで持ち込《こ》まれたかが分からないものであるんですよね。いろいろなかたちでの持ち込みが実は可能なんです。

質問者B　今のお話で、最初に流行《はや》ったのが、実は欧米だけではなくて、インドをも、インド人をも倒そうとしていたということでしたけれども、その文脈で見ると、一発目の変異種の広がった意味というのが非常によく分かる感じがしましたので、たいへんありがたいご教示でした。

先ほどおっしゃったように、「悪いことを考えているやつがいる」ということで、その〝悪意〟をそうとう深いところまで読んでおかないと、普《ふ》通《つう》の日本人もそうですし、ある種、われわれもそこをまだまだ甘《あま》く見ているところがあると思うのです。どれくらい悪いところまで考えているのかという……。

なぜこんな質問をしたかといいますと、月刊「ザ・リバティ」の次の号に向けての下調べをやっているのですが、ウィルスも、感染性が変わらない一万二千ぐらいの変異種以外に、感染性が飛び抜《ぬ》けて高いものが五つ出ています。そういうものを、ちょっと怖《こわ》い数字なのですが、二〇一二年以降、中国軍のほうで少なくとも二千種類発見、または用意しているということを情報としてキャッチした米軍の関係者などもいます。

そうすると、「本当に次から次から撒いてくるぐらいのつもりでいるのかどうか」とか、「いったいどのくらい悪いことを考えているのか」ということについて、われわれも相手の正体をよく見抜く必要があるのかなという感じが非常にしているのですけれども。

ヤイドロン　うーん、君たちは、警察の刑事《けいじ》レベルで一人の殺人事件を推理し、誰《だれ》が犯人であるか、動機や、利益を得るのは誰か、交友関係等を洗って一人の殺人を証明するみたいなのは熱心にやる能力は持っているんだけれども、そんなに大量無差別に地球レベルでやるというようなことについては想像がつかないために、「まさか、そんなことを考えるはずがない」

と〝善意〟で考えてしまうので、全部、偶然《ぐうぜん》、偶発的なものと思う。

まあ、この考え方と、唯物論《ゆいぶつろん》的な考え方、あるいは「生命が自然淘汰《とうた》されて進化してきた」みたいに考える考え方も、わりに相性《あいしょう》がよいのでね。「つくられた」という考えでなくて、「あった」と。「いろいろな型が自然に淘汰されて今のようなものが残ってきた」という考え方とも合いやすいのであれですけれども。

まあ、現在の〝あれ〟は、まるで透明《とうめい》人間が世界中を〝菌〟を撒いて歩いているかのようなことですね。

でも、中国十四億人と、中国人で世界各地に散らばっている数を言えば、そうとうの者がいますので、ユダヤ人どころではありませんので、これを全部、中国人の頭の中身を精査することは不可能ですので。

あそこの場合は、問題は、人民解放軍に所属している人がいろんな会社員としていろいろなところへ勤めたり、研究員で派遣《はけん》されたり、留学生で派遣されたりしているということですよ。こんな国は、ほかには、まあ、めったにありませんので。

軍人が、実は人民解放軍に属する人が、実は研究者、実は学生、実は大《だい》企業《きぎょう》の幹部にまで入り込んでいっている。いろいろなところ、影響力《えいきょうりょく》のあるところに入り込んでいて、情報操作もしておれば、そうした実地の殺人ゲームにも関与《かんよ》して、これらがもし情報を漏《も》らしたり、中国に不利なことを証言したりすれば、「必ず、家族が中国の国内に残っていて、そちらのほうが残忍《ざんにん》な刑罰《けいばつ》を与《あた》えられたり監禁《かんきん》されたりする」ということまで〝紐《ひも》付《つ》き〟なんですよね。

先進国では行いがたい「異民族支配」を行う中国

ヤイドロン　それから、「いろいろなウィルスがある」ということをおっしゃいましたが、これはちょうどいいサンプルとしての異民族支配をやっていますので、そのへんでサンプル実験はもう十分にやられているはずですが、情報が漏れることはまずありませんので。

例えば、現在のコロナウィルスの人体実験であれば、そうした支配しているウイグルだ、モンゴルだ、チベットだ、まあ、その代わりもほかにも

郵便はがき

料金受取人払郵便

赤坂局承認

7468

差出有効期間
2021年10月
31日まで
(切手不要)

1 0 7-8 7 9 0

112

東京都港区赤坂2丁目10−8
幸福の科学出版(株)
愛読者アンケート係 行

フリガナ お名前	男・女	歳
ご住所 〒 都道府県		
お電話 (　　　)　　　—		
e-mail アドレス		
ご職業 ①会社員 ②会社役員 ③経営者 ④公務員 ⑤教員・研究者 ⑥自営業 ⑦主婦 ⑧学生 ⑨パート・アルバイト ⑩他( )		
今後、弊社の新刊案内などをお送りしてもよろしいですか? (はい・いいえ)		

愛読者プレゼント☆アンケート

『ヤイドロンの本心』のご購読ありがとうございました。
今後の参考とさせていただきますので、下記の質問にお答えください。
抽選で幸福の科学出版の書籍・雑誌をプレゼント致します。
（発表は発送をもってかえさせていただきます）

1 本書をどのようにお知りになりましたか？

① 新聞広告を見て ［新聞名：　　　　　　　　　　］
② ネット広告を見て ［ウェブサイト名：　　　　　　　　　　］
③ 書店で見て　④ ネット書店で見て　⑤ 幸福の科学出版のウェブサイト
⑥ 人に勧められて　⑦ 幸福の科学の小冊子　⑧ 月刊「ザ・リバティ」
⑨ 月刊「アー・ユー・ハッピー？」　⑩ ラジオ番組「天使のモーニングコール」
⑪ その他（　　　　　　　　　　）

2 本書をお読みになったご感想をお書きください。

3 今後読みたいテーマなどがありましたら、お書きください。

ご感想を匿名にて広告等に掲載させていただくことがございます。ご記入いただきました個人情報については、同意なく他の目的で使用することはございません。

ご協力ありがとうございました！

いますけれども、……等で、収容所等で実験したら、「ただ肺炎《はいえん》で死んだ」ぐらい。結果としてはそういうことになるため、分からないから。致死率《ちしりつ》だって実は計算はできる。やっても、「肺炎に罹って死んだ」「インフルエンザで死んだ」というふうに言えば済むことですからね。

だから、実際上は、人体実験はもうとっくにやっているから、いろいろな種類を試《ため》しているはずだと思います。

そして、まだ、そうした異民族の被《ひ》支配地域に核施設《かくしせつ》もまたたくさん集めてあって、アメリカなんかから核攻撃《こうげき》されたときに、漢《かん》民族ではない人たちがたくさん殺されるような状況をつくって、一つの抑止力《よくしりょく》にしているところもある。「解放しろ」と言って、解放すべき人たちのところに核兵器が飛んでいくというのは、文明のジレンマですよね。

こういう、先進国として、しがたいことをやっておりますから。ここまで悪いことを考えられるというのは、現代の中国の文化はもうかなりレベルが低くなっていますので。

彼らが誇《ほこ》るべきものは、かつての、何千年かの歴史のなかの戦争史、戦争の歴史、兵法。これだけが、今、中国の世界に誇るべきものなんですよ。だから、中国が誇るのはこの兵法のところなので、「西洋文明が十分に理解していない中国型兵法を現代版で甦《よみがえ》らすとどうなるか」ということをやっているわけですね。だから、分からない。

「中国型兵法というのは何か」というと、騙《だま》す、裏切る、予想の裏をかく、まあ、こういうことですよね。こういうことをやって実力以上の成果を引き出すということですよね。まあ、こういうことをやっております。グーグルその他ですね、ああした大手の通信会社等が、民主化を進めるものだとみんなが思って応援《おうえん》していたようなものが、まさか独裁を支援するものになるとは、ちょっとこれも文明の予想の外れになりますね。

だから、ある意味では、『1984年』などを著《あらわ》したジョージ・オーウェル的世界が展開されているというふうに言ってもいいのではないかと思います。

中国は数字操作をして、インフレを〝経済成長〟とすり替《か》えている

質問者C　今のコロナの話とも関連するのですが、今年の二〇二〇年を振《ふ》り返りますと、年初には、武漢《ぶかん》でコロナ・パンデミックが起きて、その後の中国では大水害もありました。あるいは、アフリカ、中東からはサバクトビバッタが移動して中国に押《お》し寄せていったりと、異常現象が続々と起きてきました。

今の中国では、「唯物論、無神論の体制に対して、天意によって揺《ゆ》さぶりがかけられているのではないか」という気持ちを持っている人たちも出てきているのではないかと思います。

宇宙存在のヤイドロン様は、まさに〝天意〟でもあると思いますが、これがどういう方向に行くのか、いつまで続くのか、人類にとって、今、何が必要なのかといったことをご教示いただけましたらと思います。

ヤイドロン　まあ、中国には、おっしゃるとおりですねえ、水害もありましたし、バッタの害、蝗害《こうがい》というものもありました。けれども、情報を統制することで、「あるものを〝あったことがないもの〟にでき、ないものが〝あったこと〟にできる」ということを、彼ら（はしている）。

あなたがたは、「情報公開、あるいはマスコミの伝達っていうのは……、そういうふうに隠蔽《いんぺい》したものを明らかにするのもマスコミの仕事」というふうに西洋の文脈では見ている。

ところが、中国の文脈ではそうではなくて、マスコミというのを「いかにして、人民を騙し、それを押さえつけ、統制し、そして洗脳するか」という、はっきりその方向で使っておりますので、正反対のマスコミ論がありえるということですね。これによって大勢の人たちを支配できるようになった。

だから、実際は水害があり、家をなくした者もいっぱいおれば、物価が上昇《じょうしょう》して苦しい状態もある。食料が厳しい状態も現実には出ていますが、こういうものをほとんど報道しないで知らせないようにしていく。

それどころか、今年みたいな、世界がコロナウィルスで景気減速して困っているときに、強気に、「今年は中国は五パーセント成長だ」とか、「来年は八パーセント成長だ」とかいう、そういう情報操作までして、「もう中国にひれ伏《ふ》せ」ということですね。「世界を救えるのは中国しかないぞ」ということで、軍門に降《くだ》れという。これは、もう兵法のなかの何て言うか、「虚々実々《きょきょじつじつ》」、「虚実篇《へん》」ですね。そういうことで、戦わずして勝とうとしているところがあると思うんですね。中国の支援なくして世界の経済が立ち直ることはないということ。

アメリカなんかは、数値等はごまかしても、全部、剝《は》がされてしまいますので。ヨーロッパも含《ふく》めて、実際上の何十パーセントの落ち込みは経済に出てくると思いますけれども、中国ではこれでも、「高度成長、かつての七パーセント成長を超《こ》える成長が来年は見込める」とか言っているわけで。

実際はそれは嘘《うそ》で、「豚肉《ぶたにく》が八パーセント値上がっている」とか、いや、豚肉は八パーではないですね、八割ぐらい値上がりしましたかね。まあ、いろんな値上がり、要するに物がなくてインフレが起きているものを、〝経済成長〟とすり替《か》えて数字操作しているということですね。

だから、実は経済成長ではなくて、「物不足で物価が上がって人々の手には入らないようになっていること」を、経済成長にすり替えようとしているということですね。

二千年前の軍事兵法を現代に再現させようと思っている中国

ヤイドロン　こういうことをもう悪質に一元管理できる、世界の五分の一ぐらいがそういう状態になっているということに対して、もっと恐怖《きょうふ》しなければいけないし、これは日本に対する揺さぶりでもありますよね。

日米同盟に楔《くさび》を打って、「アメリカは、もう軍事的にも頼《たよ》りにならなくて、経済的にも自国が助かることばかりを考えている」というふうに思わせて、「中国と経済交流をしていれば、消費による景気回復がありえるから」と、中国人ばかりがドドッと日本に入ってこられる状態をつくりたいと考えている。

そうするとどうなるかというと、中国の観光客で日本が食べていくようになれば、これは〝植民地化〟をもう進めるということで、南方の島とかはこれをもうやられていますけど。

日本でも、石垣島《いしがきじま》とかはもうとっくに狙《ねら》われていますが、「中国の観光客ばかり来て、土地が値上がりしてマンションが建って、いろいろと中国人用の施設がいっぱい建って」というようなことで、土地も買われてやっていますけれども、これが日本全体で起きようとすることになりますよね。

だから、いや、相手は恐《おそ》るべき……、もう本当にね、「二千年前ぐらいの軍事兵法を現代に再現させようと思っている相手だ」と思わないと駄目《だめ》です。

これは、あなたがたの言っているとおり、ある意味で、中国が世界帝国《ていこく》になったのは一回きり。それは、元《げん》という国の時代ですね。ヨーロッパまで攻《せ》め込んで、そして韓半島《かんはんとう》ですよね。北朝鮮《きたちょうせん》・韓国も取って、ベトナムも取って、南のほうまで地続きのところ全部取っていって、さらに日本にも攻めてきて、日本に対してだけ「元寇《げんこう》の役《えき》」で敗れているということでしたけれどもね。

まあ、ああいうことが〝もう一回、違《ちが》ったかたちで起きようとしている〟ということは確実だということですね。うん。

日本は「ウィルス対策」と「景気対策」で、国が〝絡《から》め取られる〟？

質問者B　そうなりますと、やはり、「対策編」の話に入っていかなければいけないかなと思うのですが。

特に、冷静に見て、アメリカがああいう感じでこれからいくとなりますと、困難な状況であっても、日本独自として、そうといろいろなことを考えていかなければいけない部分があるかと思うのですけれども、そういったあたりに関してはいかがでしょうか。

ヤイドロン　でも、日本のマスコミが勝てないでしょう。だから、彼らの騙しに勝てないでしょう。日本人が日本人をいじめるのは慣れていますから、日本人をいじめるのはできると思うのですが、外国を疑って責めるというだけの力が日本のマスコミにはないですよね。

だから、日本人が一億二千万余りいて、（コロナウィルスの）感染者がとうとう二十万を超えましたかね。二十万人を超えている。現時点（二〇二〇年十二月二十七日）では超えていると思うのですが、それにもかかわらず、十四億人の人口を持つ中国が、まだ十万も行かないところで止まっているという、この率から見ればですね、日本より「二十分の一以上」下《した》ということになりましょうから、ものすごく安全な国ということになりますよね。

中国はすごく安全な国で、そして、たぶん「ワクチンも持っている」と称するでありましょうから、そういう意味で、あっという間に、何て言うか、「コロナウィルス対策」と「景気対策」でもって、国が〝絡《から》め取られ〟ていく可能性が極めて高いけれども、マスコミはこれを批判して突《つ》き崩《くず》すことは、たぶんできないのではないかと思います。

「中国・ロシア・日本」の〝三国同盟〟風の誘《いざな》いが来る可能性が高い

ヤイドロン　ですから、自民党政権の前の民主党政権のときには、あっという間に中国に臣下《しんか》の礼《れい》を取って、国会議員が何百人も北京《ペキン》に行ったりするような事態が発生しておりましたけれども、そうした事態をつくることを、今、目的にしているはずなので。

だから、逆に「日本を中国の文化圏《けん》のなかに入れて、橋頭堡《きょうとうほ》として、欧米に対する防衛の陣地《じんち》、基地にしたい」というのが中国の考えですね。

これでアメリカをもっともっと悪い状態にして、「ウィルスの本拠地《ほんきょち》」ということに、「コロナウィルスの本拠地」みたいにすることで、「〝アメリカ人はアメリカに帰れ〟運動」を国内で起こそうと、たぶんする。

在日の中国人のリーダーたちがアメリカ人の米軍基地、沖縄《おきなわ》ではやっていますけどね、ずっと中国が指導してやっていますけれども、「米軍基地から感染するから、米軍は帰れ」みたいな運動をやらせるはずです。これが、二〇二一年以降、激しくなってくると思います。

まあ、そういうことで、もう、あとは付き合えるところは、日本はオーストラリアぐらいしかほとんど残っていませんけれども、オーストラリアと中国では国の大きさが違いますので、人口が違いますから。オーストラリア・イギリス、イギリス・アメリカのほうが断《た》ち切られると、けっこう厳しい状態になりますよね。「オーストラリアと日本が同盟を結ぶ」のと、「中国と日本が同盟を結ぶ」のと、どちらが有利かというような感じですよね。

まあ、こちらで来るから、おそらく、「中国・ロシア・日本のほうでまとまって、欧米に対抗《たいこう》をしようじゃないか」みたいな感じの、こうした〝三国同盟〟風の誘《いざな》いが来る可能性が高いと思いますね。これは、でも、先の大戦で負けたのと同じ結果に最後はなりますよ、この方向に行った場合。まあ、言っておきますけど。

ただ、日本のマスコミは、これを破れない可能性が高い。知力が低いから。うーん。それと、人がよすぎる。まあ、外国人に対して批判ができない。この「弱さ」ですよね。

日本は十年ぶりに「〝悪いほう〟の政権交代」の動きが出てくる?

質問者B　今の〝新三国同盟〟の話を聞かせていただいておくだけでも、すごく抑止力になりますので、たいへんありがたいことかと思います。

その意味で言いますと、来年(二〇二一年)に関しては、こういった状況で中国はああいう国なので、やはり「ザ・リバティ」なども、「情報開示」と「ある種の告発」といいますか、「真実を明らかにする」というところを徹底的《てっていてき》にやっていこうかと思っています。

そういった観点での何か……、今言われた「〝三国同盟〟の誘いが来るから気をつけろよ」というのはものすごい一転語《いってんご》だったのですが、何かそんな感じでアドバイスをあと一つ、二つでも頂けますと、今後、日本にとってもたいへん……。

ヤイドロン　だから、日本は多元な言論があるように見えて、やっぱり一定の方向性へ持っていかれる傾向《けいこう》が極めて強いので。今、安倍《あべ》氏の後を継《つ》ぐ菅《すが》さんのほうも、一年以内に攻め落とされる方向でやられていると思うのですが、そのあとが混沌《こんとん》状態になりますので、また、野心を持って「政権交代」、「〝悪いほう〟の政権交代」を起こそうと、十年ぶりに動きが出てくる可能性はあると思います。

そして、「親中路線をもっと推《お》し進めたほうが、日本が助かる道だ」みたいな感じですかね。「景気においても防衛においても助かる」という、そういうことを主張する野党が出てくれば、それでまた国論が割れますね。だから、アメリカの「ロシア寄りか中国寄りか」みたいなのと同じことが、たぶん起きると思いますね。

〝実質上の共産主義者〟に乗っ取られる流れに行くアメリカ

ヤイドロン　だから、あなたがたもやってきたのだけれども、中国包囲網《ほういもう》をつくるためにやってきたのだけれども、ほんの、まあ……。

確かに、このウィルス攻撃は予想していなかったところも一つはありましたが、あとは「ブラック・ライブズ・マター」という、「黒人は警察官に暴行、暴力を振るわれて死んだ」という、これで……。まあ、これは共産主義者たちがやっていることですけれども、これでトランプの追い風を全部引っ繰《く》り返された部分があって、マスコミはそうとうこれを報道して、流して、トランプ攻撃の一つのあれにしましたからね。

まあ、このあたりで〝中国包囲網を破られた〟ところはあると思うので、これを、中国包囲網を破るために、向こうは懸命《けんめい》のことをやったということは知っておいたほうがいいと思いますね。

それに、今のバイデン氏の副大統領の黒人女性は、もうほとんど共産主義者と思われるような中身を持っている方であるので。

バイデン氏も、だから……、民主党の側も、まあ、大統領になったとしても、もしかしたら、一年……、一年ももたないかもしれないということは、なかではささやかれていることなので。

「女性の黒人の若い大統領が登場する」ということで、さらに人気を増して、「アメリカは先進国として、女性でも黒人でも大統領になれる」という、「とうとう、民主主義のチャンピオンはそれを達成した」みたいなことでブームをつくろうとする動きが水面下にはあります。

そして、これは、ある意味で「自由主義圏の恐怖だ」と思ったほうがいいと思います。もはや、〝自由主義圏の守護神〟がいなくなる状態だろうと思いますので。ええ。これはアメリカがそうした〝実質上の共産主義者〟に乗っ取られる……、「人種」と「男女」の差で、流れとして行《い》っているほうですね。

これで取られた場合、あとは、ヨーロッパの指導者は、まあ、メルケル等が指導者でやっているけれども、アメリカが落ちたらヨーロッパのほうも中国の軍門に降る可能性は極めて高く、イギリスはもう切り離《はな》されてきておりますので。

これは、中国包囲網がズタズタに破られていく状態になりますよね。まさしく、彼らの得意な昔の兵法、本当に包囲網を破る兵法を使ってやっているように見えますね。

無神論がいっそう進む日本、新天皇に北京詣《ペキンもう》でをさせたい中国

ヤイドロン　基本は、だから、日本に大事なのは、「判断するための価値基準」をちゃんと持っているかどうか、これです。

もう、神仏を〝なきもの〟にしている日本、正月の参拝《さんぱい》以外は……、それとお盆《ぼん》の先祖供養《くよう》、これも「交通機関が使えない。正月にも故郷《ふるさと》へ帰れ

ない。お盆にも故郷に帰れない」ということで、事実上、神社も仏閣《ぶっかく》も、もうこれ、コロナ対策で潰されるんですよ。

質問者B　倒産《とうさん》の危機がそうとうあると思います。

ヤイドロン　ええ、もう実際上、要《い》らなくなるんですよ。もうお盆の習慣がなくなり、正月参拝の習慣がなくなり、「密はいけませんからね」ということになって、神社仏閣が潰せる。無神論はいっそう進むようになります。習俗《しゅうぞく》として遺《のこ》っていたものまで消えようとしている。

さらに、うーん、皇室？　皇室の破壊《はかい》まで、やっぱり、中国は考えていると思いますよ。だから、「中国に助けてほしくば、新天皇は中国に、北京《ペキン》詣《もう》でに来い」ということは、たぶん考えていると思います。それをやらせたいだろうねえ。ええ、ええ。「天皇ではなく、日本国王にしてやりたい」というところでしょうかね。任命してやりたいような感じですかね。そういう関係に持っていきたい。

だから、彼らは、もうアイデンティティーは歴史しかないので、昔の中国の強かったときの歴史を再現したい、現代のかたちで。現代のそうしたハイテク技術を駆使《くし》できる時代において、かつての中国の「大国であった、世界一であった力」をもう一回、再現したい。まあ、こういうかたちで、かなり結集していますね、思いが。

5 〝脱《だつ》CO_2戦争〟がもたらす人類の危機

ウィルス戦争の次の世界大恐慌《だいきょうこう》への道とは

質問者C　来年以降の世界の動向を占《うらな》う上での一つのファクターとしては、経済面での危機もありうるのではないかと思います。

トランプ大統領が選挙演説で繰《く》り返し言ってきたこととしては、「バイデンが勝てば中国が勝ったことになり、中国がアメリカを支配することになる」ということと同時に、コロナで好景気はいったん挫折《ざせつ》していますが、

「バイデンが勝てば、景気は悪くなり、一九二九年以来の大不況《だいふきょう》が来るだろう」ということも、予言的に言ってきました。

こうした今後の世界の経済危機の可能性や、その備えについて、また、不景気の時代に戦争が起こりやすいとすれば、アジアでは、香港《ホンコン》、台湾《たいわん》、南シナ海、日本との関連では尖閣《せんかく》などで紛争《ふんそう》が起きる恐《おそ》れも十分にあると思いますが、どのような近未来をご覧になっているでしょうか。

ヤイドロン　あのもう、一つはウィルス戦争、まあ、これを言っているのは「ザ・リバティ」ぐらいだから、あとは、「流出した可能性がある」程度が一部流れている程度で、それを言える大新聞もテレビ局もたぶんないいだろうと思いますけれども。まあ、事故は報道しますが、そうした企《たくら》みは報道しませんから。

まあ、これが一つありますが、もう一つあるんですよ。〝もう一つの仕込《しこ》み〟があるんですよ。

これは、あなたがたが今、世界中がね……、これは、中国ではない、日本も含《ふく》めて欧米《おうべい》諸国が取り組んでいる炭素、「脱《だつ》炭素社会の構築」と言っている。これが次の、実は〝不況のための球《たま》〟なんですよ。

この「脱炭素世界への移行」、「二〇五〇年までに炭素、CO_2をゼロに

月刊「ザ・リバティ」（2020年6月号、幸福の科学出版刊）

月刊「ザ・リバティ」（2021年2月号、幸福の科学出版刊）

する」と言っている、これが次の世界大恐慌《だいきょうこう》への道なので。もう一つ、ウィルスの次がこれなのです。これが言えることだと思う。

どうやって科学的にそれを証明されたのか、よくは分からないが、これは〝信仰《しんこう》〟ですよ。一種の信仰なので。そういうことを言っている科学者もいる。グレタさんが〝世界の神〟になる道ですよね。精神的にちょっと、検査したら〝異常性〟のある方です。まあ、そういう人が言っている、「炭素の排出《はいしゅつ》、ＣＯ^{2}の排出が世界を駄目《だめ》にする」という、この〝信仰〟。

これは、もうほとんど欧米から日本まで……。今回、菅《すが》さんも「二〇五〇年までにゼロにする」と言っている。これは文明の壊滅《かいめつ》を意味します。

公約を守らずにCO_2を出し続ける中国だけが生き残る

ヤイドロン　それで、中国もやや、それを推《お》し進めるみたいなことを言っているけど、守るわけないので。ああいう国は絶対守らないので、中国だけが生き残るんですよ、これは。これは本当に、ええ。CO_2を出せる中国だけは生き残れる。

だから、これをやったらどうなるかというと、石油を買ってくれるのは中国だけ。石炭を買ってくれるのは中国だけ。ねえ。鉄、鉄鉱石を買ってくれるのは中国だけ。だから、そういう輸入の力で、そうしたほかの国を縛《しば》りつける力が出てきて。

中国国内は、そんなもうCO$_2$をいくら出したって、そんなもの、統計値なんて、いくらでももう出し放題ですので、最後になりましょうから。まあ、ほかの国が滅《ほろ》びても、中国は滅びていないはずですから。

あそこでCO$_2$を出さないで工業生産はできるわけないですから、出し続けます。だから、これ、最後にたぶんなりますので。進んでやったところから滅びていきますので。

〝ウィルス戦争〟の次の、この〝脱CO$_2$戦争〟で、これでの不況がそうとう考えられます。

日本も、たぶん、二〇三〇年までに電気カーに全部替《か》えるとか言っている。電気を発電する方法がなくなりつつあるなかで「電気カーに全部替える」と言っているのは、これはもう〝自殺行為《こうい》〟、もう〝自殺〟ですよ。「それができる」と思っている。だから、「洋上発電だ」、「太陽光発電だ」、その他、何と言うか「水素による推進力だ」、いろんなことも言って、「とにかく電気カーに全部替える」と言ったら、これは日本の製造メーカーや電車、航空機、全部もう大変なことが次に起きてくるので。

そうするとどうなるかというと、トヨタみたいなところは、もう中国で、古いかたちのCO_2を排出する車を〝発射〟しまくることができますので、あちらのほうで活動するということになりますね。

そうしたところだけが生き残れることになる。中国に進出して向こうに生産現場を持っているところだけが生き残れることになって、反中派の人たちは生き残れなくなる。

　ＣＯ$_2$の排出《はいしゅつ》を止めていくと「世界の砂漠《さばく》化」「地球温暖化」が進む

ヤイドロン　これは大川総裁も何度も言っているけれども、私たちの立場から言っても、炭素そのものにはそんな毒性があるわけでもありませんし、ＣＯ$_2$そのものは、これは植物の要するに食料に当たるもので。

　植物は、ＣＯ$_2$を吸わないかぎり、「炭酸同化をして、そして、成長すること」ができず、「緑を増やすこと」ができないので、ＣＯ$_2$の排出《はいしゅつ》を止めていったら、二〇五〇年までの間に世界の砂漠《さばく》化が進

『いま求められる世界正義』（幸福の科学出版刊）

んでくるはずで。「世界の砂漠化」が進んできたら、それはどうなるかというと、「地球温暖化」が進むということなんですよ。

逆なんです。だから、CO_2の排出を止めていったら、砂漠化が進む。緑がなくなっていきます。どんどん砂漠が増えてくるんです。

これは大変なことで、この過《あやま》ちが分かるのにいったい何年かかるか、何十年かかるか、ちょっと分かりませんが、どこかでは分かると思いますが、「砂漠だらけになったら、農業もみんな駄目になってくる」ということを、これは意味しているんですよ。

そして、緑がなくなり……、まあ、CO_2がなくなり、緑がなくなり、そして、雨が降らなくなる時代が来るだろうと思いますよ。だって、地上はもうほとんど乾燥《かんそう》した状態になっていきますので、雨も降らない状態になってくると思います。

だから、今言っているの、こういうことをね、〝科学〟、〝科学〟と言っているけれども、もう「まったくの正反対」って、よくあるんですよ。

逆に、総裁が言っているように、「次には氷河期が始まる可能性も高い」と言っていますので、「これは近づいている」と私たちも認識しています。

この地球の温度なんて、この百年ぐらいしか測れていないんだから、これを過去何千年も測れているならともかく、測れていないんだから、まあ、間違《まちが》いが多いということですね。

氷河期は一万年前ぐらいまでで、それから、数千年前まで、氷河期が解けてくる、温暖化してくる流れで、農耕が発達し、文明が栄えてきたんですよね。

これをまた止めようとしているから、これには恐ろしいもう一つの勢力が働いていますので。これは中国の〝後ろ〟にいる勢力ですね。

闇《やみ》の勢力として、これを考えている者がいるので、いずれにしても人類滅亡、二〇五〇年ぐらいまでに向けて、人類滅亡への道は、この「ウィルス」や、それから「CO_2の排出ゼロ」、さらにはウィルスの次の……、〝次のもの〟が何か出てくるだろうと思いますけれども。

「信仰心《しんこうしん》」「宇宙への理解」「正義を知る知力」なき人類の危機

ヤイドロン 〝集団自殺〟という言葉も使いましたが、あまり印象のいい言葉ではありませんけれども、全体的に見て、まあ、「地球人口を半減しようとする動き」のようには見えます。だから、まあ、もしかしたら、そうなるかもしれませんね。

もし、信仰心《しんこうしん》も持たず、宇宙に対する正確な理解も持たず、もはや正義を知る知力も持たない人類になったならば、「それが人口減をもたらして、地球が〝小さく〟なる。人類が支配しているこの地球上での人類の力が削《さく》減《げん》されて、原始化していく」ということに対して、まあ、私たちも、特に反対する理由もありませんので。「いったん危機がそこまで来るなら、まあ、それもしかたがないかなあ」というふうには思っていますがね。

だから、日本も、山の木を切って太陽光パネルをいっぱい貼《は》るなら貼ったらいいけれども、「それでは、温暖化防止どころか、温暖化がもっと進むようになる」ということを知ったほうがいいと思いますよ。

それに、「過度にエネルギー源を電気に絞《しぼ》った文明というのは弱い。とっても弱い」ということを知ったほうがいいですよ。電気だけをエネルギー源にするのはとても怖《こわ》いです。電気はいろんなかたちで奪《うば》い取ることも、破壊することも、使えなくすることもできるので、極《きわ》めて怖い。

まあ、私たちが自分たちの例を出すのはあれかと思いますが、電気で動いているものなら、一瞬《いっしゅん》にして、〝壊滅状態〟というか、動かなくすることができるんですよ。

だから、やっぱり、そうでない代替《だいたい》エネルギーは持っていないといけないのではないかなというふうに思いますので。

まあ、「人類みんな、〝自殺〟したい、〝集団自殺〟したいのかな」としか見えないですね。

私がこういう言葉を言ったところで、これを信じる人が幾《いく》ばくかいたところで、まあ、「変わった人たち」ということになるでしょうから。あなたがたが信じるのは、日本で言えば、「日本人は単一民族だ」と言われて、「いえ、アイヌ民族みたいなのがいますよ」と言われているようなもので、

「幸福の科学というのがいて、こういう奇抜《きばつ》な、宇宙人の言葉みたいなのを信じている人たちが一部〝生息〟していますよ」という程度のことにしかならないんでね。

残念だけれども、全部間違っている方向に行っています。

6　「悪の帝国《ていこく》」を崩壊《ほうかい》させるには

「中国が世界を救う」という言論の広がりには気をつけよ

質問者B　今日は、せっかくの機会ですので、宇宙からの視点といいますか、それもぜひお伺《うかが》いできればと思うのですが。

といいますのが、今回、特に中国絡《がら》みで、いろいろな邪悪性《じゃあくせい》が出てきたときに、それまで「救世運動で経験してきた邪悪さ」といいますか、ある種、「地球産の邪悪さ」と比べ、もう一段〝たちが悪い〟感じが非常にするものもあったりするからです。
そういった意味で、「今起きていることを宇宙のほうから見たときに、どんな見え方がするか」など、今回、さらにお言葉を頂ける点があれば、たいへん幸いかと思います。

ヤイドロン　アメリカのバイデン政権が言えるのは、まあ、せいぜい人権外交だろうとは思うんですが、この人権外交が「言葉」だけの問題なのか、それとも「実行力」を伴《ともな》うものか、このへんが試《ため》されるでしょうねえ。
二〇二一年以降、実行力を持った、要するに「軍隊等での圧力までかける」までの人権を要求するのか、「口だけ」なのか、まあ、このへんが見られるところだと思いますが、今あなたがたがつかんでいるように、「息子《むすこ》さんの会社も通じて、中国からの買収を前回の副大統領時代から受けていた」ということであれば、あくまでも中国は悪者にはしたくはないだろうとは思うので、人権外交をして意見を言ったとしても、「極《きわ》めて緩《ゆる》やかで弱いもの」になるのではないか。

そういう意味で、日本化して、日本の政治家やマスコミが言うレベルの弱さ、要するに「実行力を持っていない弱さ」にしかすぎないのではないかという……。

それよりも、逆に、気をつけないといけないものがあって、あなたがたは「ウィズ・セイビア」と言っているけれども、「中国がセイビア（救世主）になって世界を救う」みたいな言論のほうが広がる可能性が極めて高いので、これと戦うのはそうとう大変ですよ。

「アメリカも経済も救うのも中国。日本を救うのも中国。ヨーロッパを救うのも中国」という感じになってしまう可能性があるので、そうとう、これは厳しい戦いが待っていると思いますよ。

ソ連が崩壊《ほうかい》したころに共産主義の中国も一緒《いっしょ》に滅《ほろ》ぼすべきだった

ヤイドロン　だから、実際に、本当にチベット、ウイグル、内モンゴル、さらに、最近では一九八九年の天安門《てんあんもん》事件がありましたけれども、「天安門事件のときに日本が間違《まちが》った判断をした」ということを認めていないところが大きな問題ですよね。

一九七二年ぐらいからの日中国交回復では、要するに、そのときの中国は小さかったですからねえ。本当に、国民所得も日本の百分の一ぐらいあるかないかぐらいの貧しい国だったからね。毛沢東《もうたくとう》が失敗に失敗を重ねて、ひどい、何て言うか、〝飢餓《きが》の大国〟になっていましたからね。

それを助けたいと思っていた産業人たち、日本の産業人たちの気持ちも分かるし、先の大戦で中国を蹂躙《じゅうりん》したから、そのお詫《わ》びも兼《か》ねて、中国にお金も投資して発展させようとした政治家の善意も分かることは分かるんだけれども、その結果、八〇年代に何が起きたか。

このころにはソ連ばっかり考えていたから、敵として。中国のことを見落としていて、「中国を日米側に引き込《こ》んでおいたほうが対ソ連の抑止力《よくしりょく》になる」と思って引き込んでいて、中国を豊かにしてソ連に対する壁《かべ》にしようとしていたんだと思うんですけど。

それが、「ベルリンの壁」が崩《くず》れて、ソ連が崩壊《ほうかい》したころにですね、「中国もやっぱり共産主義なんだから、これも一緒《いっしょ》に滅《ほろ》ぼさなくてはいけないんだ」ということを、もし、はっきりと、日本の中枢《ちゅうすう》部にいる人たち、政治や経済やマスコミの中枢部にいる人たちがそういう認識を持って、断固として「ソ連が崩壊したなら、一気に中国も崩壊させるべきだ」というところまで決断していたら、現在の事態はなかった。

「毛沢東《もうたくとう》革命以降の殺戮《さつりく》の歴史」を今の中国人たちは知らない

ヤイドロン　だから、その天安門のときに、中国では、「三百人ぐらいの人が死んで、学生が二十三人死んだ」とかいうふうなことを報道していて、アメリカのほうは「三千人ぐらいは、戦車等を出して殺した」と（見ていたが、中国は）一気に、それを「ないこと」にしてしまって、今、歴史から全部それを消して、香港《ホンコン》の教科書まで書き換《か》えて、「そういうことはなかった」ことに全部していこうとして。台湾《たいわん》にも本当はそうしたいところですけれども。

要するに、そういう殺戮《さつりく》をやったのを全部消していく。実態が明かされていない。毛沢東《もうたくとう》革命以降、起きたことの実態を、「いったい何千万人、何億人の人が殺されてきたか」についての歴史を中国人たちは知らない。

それで全部、責任は外国に負わせている。日本が悪かった。あるいは、香港を支配したような英国が悪かった。それから、アメリカが悪かった。いろんなところが、外国が悪かったということで、貧しかった理由は全部そちらにしていて、「中国人の自主独立精神によって今発展したんだ」と、こういうことですね。それで、中国的正義を世界に広げようとしているわけですけれども。

この「自国の歴史を〝正しくする〟」ということについては、本当は、中国が「本当に世界一」だった昔の時代においても、「歴史に関しては政権から中立に書く」という伝統を中国は持っていたのに、現代においては、それもなく、そこまで全部、統制ができる。

要するに、言論・出版、デモ、その他の表現の自由、それから統計その他も、全部支配されている状態になっておりますので、「これが悪の帝国《ていこく》だ」ということを暴《あば》けないんだったら、これは大変なことになるということです。

かつて光の神と戦った「アーリマン系の力」が中国に入ってきている

ヤイドロン　そして、また、中国に〝陰《かげ》で力を与《あた》えている勢力〟がもう一つあるということですね。

かつて、うーん、何千年前になりましょうか。まあ、六千年近い昔になるかもしれないし。今のメソポタミア地方において、宇宙からの介入《かいにゅう》があってですねえ、「アーリマン」という存在が地球文明に介入してきて、これと防戦するために、「光の神オーラ・マズダ」が立って戦った歴史がかつてあることは、まあ、あるんですけれども。

このとき以来、もう一回、やろうとしている力が入ってきています。この「アーリマン系の力」は、中国に確実に入ってきています。その手先になっている者もなかにはいます。

とにかく、唯物論《ゆいぶつろん》の科学主義ですので、そういう科学技術さえ手に入ればいいわけなので。あの世なんて信じてもいませんので。テクノロジーが手に入れば、とにかく先進国になれるということですよね。だから、幾《いく》つかそちらから入っているものも、たぶんあるだろうと思います。

最終的には、もう私たちまで出てきて戦うとなりましたら、宇宙大戦にまで行きますので、まあ、それは最後にしたいとは思ってはいるんですが。人類の手で、私たちは、なるべくその文明の盛衰《せいすい》は決めたいなと思っていますので。

中国は、「世界犯罪」を犯《おか》していることが明らかになることによって崩壊《ほうかい》する

ヤイドロン　今、日本からこういう救世運動が起きていること、これを力

として、アジア、そして欧米《おうべい》に広げて、中国の内部の革命と呼応して、やっぱり〝悪の帝国〟であるということを認識させて崩壊《ほうかい》させる。

要するに、マスコミの本来の機能であるところの、「真実を知らせることによって、悪は露見《ろけん》すると崩壊する」というのが、今のやり方ですよね？

単に人殺しだけで戦って勝つというのでなくて、「正しいか正しくないか」というのは、「真実を報道することによって、悪なるものは、露見したら崩壊する」。

だから、〝隣《となり》にはいい人が住んでいる〟と思っていても、隣には夜な夜な出かけていって殺人をやって猟奇《りょうき》事件を起こしているような人が住んでいるということ、これを事実として明らかにしたら、隣に住めるわけがありませんね? それは、もう刑務所《けいむしょ》に行ってもらわなければいけないことですよね。

それと同じように、国家レベルでもそうした「世界犯罪」を犯《おか》しているところがあるというのなら、それを明らかにすることによって、それは崩壊し、周りから友達を失い孤立《こりつ》し、やっていけなくなって、改革をしなければいけなくなる。それから、自分たちの罪について懺悔《ざんげ》しなければいけなくなる。

かつての先進国たちの罪ばかりを言い続けて、ずーっと言い続けて、洗脳を続けていますけれども、この洗脳を解かなければいけないと思います。

最後は「宇宙戦争」もありえるとは思っていますけれども、まあ、やれるところまでやっていただきたいなと思っています。

でも、すでに種はまかれておるので、まあ、あなたがたにまかれた種がいろんなところで花開いていくことを願うしかありません。

だから、この闇《やみ》の勢力と戦うのに、「ウィズ・セイビア」「救世主が生まれているんだ」という思想で、西洋も、それからインドも、他のアジアの国々も取り込んでいく必要がある。

「日本がかつて悪いことをした」ということで萎縮《いしゅく》して、何もしないことで悪をはびこらせたり、さらに悪の懐《ふところ》を豊かにしたりするようなことは、してはならないということですね。

神仏への信仰心《しんこうしん》と一体となった「次の時代の国富論《こくふろん》」を考えるべき

ヤイドロン　消費経済でまだ国を発展させようと思っているけれども、その試みは終わったと。もう消費経済では、今、もう発展しませんと。

もうこのコロナの時代以降、消費経済でもう一回経済が発展して国が豊かになるということは、しばらくはちょっと考えられないので、それではない国富論《こくふろん》を考えるべきであると。

それは何かというと、「次の時代に必要なものを、今つくり始める」ということですね。

先ほどの「カーボンニュートラル」の考え方でも、まあ、新しい産業がつくれることはあるかもしれませんが、全体的には国の体力は落ちてくるだろうと思いますので、そうではないかたちで、こんなウィルスや、あるいはエネルギー危機が来たときに、あるいは食料危機が来たときに、「どうやってサバイバルできるか」という観点から新しい産業をつくり、新しいものをつくり出していく力によって経済的にも発展していくことを考えていくべきですね。

しかも、その経済的発展は、「唯物論の科学」と一体のものではなくて、「神仏への信仰心《しんこうしん》」と一体のものでなければならず、そうした「神仏への信仰心」が「悟《さと》りの力」を生みますが、その「悟りの力」は、実は「宇宙に進出する力」と一体のものなんだということも知ってもらわなければいけないと思います。

だから、あなたがたのつくるロケットやそういうものが、宇宙船が、宇宙の果てまで飛ぶのはそうとう大変なことで時間がかかりますが、「悟りの世界」においては、宇宙の他の姿がどういうふうになっているかを明らかにすることは……、極めて早く明らかにすることができます。それを知ることによって、進むべき道が見えてくる。

私たちが来ているのは、やっぱり地球の軌道《きどう》を修正しようとして、今、来ているので、これをできたら理解してほしいなあと思います。

だから、戦後、唯物論、共産主義、そして共産主義的科学主義が跋扈《ばっこ》したこの日本のなかにおいて、今こそ「正しいものの見方・考え方」を教えるべきときが来ている。

〝悪の帝国〟が見破れないようなら、マスコミなんかやめたほうがいいと思う。そういうマスコミは倒産《とうさん》し崩壊しても構わないというふうに思うし、政治も〝小さなこと〟ばかりをいじるのではなくて、マクロで「間違った、判断を間違えたものは許さない」という、〝もっと強い気持ち〟を持ったほうがいいと思いますね。

質問者A　はい。ありがとうございます。

本日は、たいへん貴重な宇宙からのメッセージを頂きまして、本当にありがとうございました。私たちは一人でも多くの地球人類にヤイドロン様のお考え、お言葉を伝えていきたいというふうに思っております。

ヤイドロン　ま、来年（二〇二一年）のあなたがたの行動指針になるものも入っていたと思います。

質問者A　はい。

ヤイドロン　まあ、小さくとも言論機関を持っているわけですから、しっかり頑張《がんば》ってください。

質問者Ａ　はい。本日は、まことにありがとうございました。

ヤイドロン　はい。

7　霊言《れいげん》収録を終えて

〝大手〟が中国化していくなかで、断固として逆のことを唱《とな》える

大川隆法　（手を一回叩《たた》く）ありがとうございました。

まあ、年末年始にお聴《き》きいただいていい内容は入っていたかなと思いますね。

質問者A　たくさんありました。

大川隆法　もっと強くなければいけませんね。

質問者Ａ　はい。

大川隆法　ええ。悔《くや》しいのですが、今、〝大手〟がみんなもう駄目《だめ》なものばかりがやっていて、中国化していく、呑《の》み込《こ》まれていこうとしていると思うので、断固として、意地を張って逆を唱《とな》えることをやり続けないと駄目でしょうね。

質問者Ａ　はい。

大川隆法　まあ……。だけど、まあ、頑張《がんば》りなさい。

質問者Ａ　はい。

大川隆法　アメリカがちょっと〝戦力外通告〟されるかもしれない状態になってきたけれども、まあ、揺《ゆ》り返しは来るだろうから。

はあ……、一年後は、何とか女史が大統領になっているのでしょうか。知りませんけれども。

まあ、宇宙人のほうも、そんな「大統領殺害計画」など、とてもではないけれども言えないだろうから。そんなことを言ったら〝指名手配〟されるから。とてもではないけれども言えないと思うから、言わないでしょうけれども。

でも、民主主義のほうはいちおう肯定《こうてい》はしているから、「自分たちで責任を取れ」ということでしょうね。いや、取るしかないですね。

攻《せ》め切れなかったところは、われわれのちょっと足りなかったところかと思います。

質問者Ａ　はい。

中国は「全世界で宗教の運動が起きる可能性」を怖《こわ》がっている

大川隆法　ただ、中国のほうは情報を集めているので。当会から発信しているものも情報としては集めて研究はしていますので、意外に、内部的にはこたえているところもあることはあって、すごく警戒《けいかい》はしていると思います。

質問者Ａ　はい。

大川隆法　ただ、大きな反発が来ていないのを見たら、やはり〝怖《こわ》がってはいる〟のだと思うんですよ。〝怖がっている〟と思うんです。全世界で、もしかしたら運動が起きる可能性があるから、「下手《へた》なことをして、全世界が燃え上がったら大変なことになる」と思って。まあ、〝宗教が怖い〟のだとは思いますが。

法輪功《ほうりんこう》だけで手を焼いているのでしょうから、もう一つ、日本の宗教に手をつけたら大変なことになるとは思っていると思います。

まあ、怖がらずにやるべきことはやっていきたいと思います。

それでは、ありがとうございました（手を一回叩く）。

質問者A　ありがとうございました。

あとがき

アメリカ合衆国の大統領交代が目前である。まるで革命に備えるかのように、州兵が議会を防衛している。

世界は今、アメリカの覇権《はけん》が終焉《しゅうえん》を迎えた時、次の時代をどう構想するか、という「公案《こうあん》」を突きつけられている。

私自身は、何百万人、何千万人、何億人という人々が死体となっていく時に、信仰心を失った人類を導けるか、という「救世主の本懐《ほんかい》」を問われている。

本年の指針の枢要《すうよう》部分は、本書を精読《せいどく》すれば分かる。誰が総理であろうと、マスコミの社是《しゃぜ》がどうであろうと、本書はそれを超えた視点から語られている。無神論・唯物論《ゆいぶつろん》を選びとり、「フェイク科学盲信教《もうしんきょう》」を信奉《しんぽう》するなら、現代の民主主義も終わる。

二〇二一年　一月十九日

幸福《こうふく》の科学《かがく》グループ創始者兼総裁《そうししゃけんそうさい》　大川隆法《おおかわりゅうほう》

『ヤイドロンの本心』関連書籍

『いま求められる世界正義』（大川隆法 著　幸福の科学出版刊）
『ウィズ・セイビア　救世主とともに
　　――宇宙存在ヤイドロンのメッセージ――』（同右）
『中国発・新型コロナウィルス感染 霊査』（同右）
『守護霊霊言　習近平の弁明』（同右）
『米大統領選　バイデン候補とトランプ候補の守護霊インタビュー』（同右）
ＣＤ＋ＤＶＤ「ウィズ・セイビア」
（大川隆法 作詞・作曲　発売・販売 幸福の科学出版）

ヤイドロンの本心《ほんしん》

――コロナ禍で苦しむ人類への指針――

2021年1月28日　初版第1刷

著　者　　大《おお》川《かわ》隆《りゅう》法《ほう》

発行所　　幸福の科学出版株式会社

〒107-0052 東京都港区赤坂2丁目10番8号

TEL(03)5573-7700

https://www.irhpress.co.jp/

印刷・製本　株式会社 研文社

落丁・乱丁本はおとりかえいたします

ISBN978-4-8233-0243-5 C0030

カバー，帯 写真：新華社／アフロ，Photo Veterok / Shutterstock.com,
ssuaphotos / Shutterstock.com, WHYFRAME / Shutterstock.com

装丁・イラスト・写真（上記・パブリックドメインを除く）©幸福の科学

大川隆法霊言シリーズ・正義の守護神・ヤイドロン

ウィズ・セイビア 救世主とともに

宇宙存在ヤイドロンのメッセージ

正義と裁きを司る宇宙存在が示す、地球の役割や人類の進むべき未来とは？ 崩壊と混沌の時代のなかで、宇宙人の側から大川隆法総裁の使命を明かした書。

1,400円

イエス ヤイドロン トス神の霊言

神々の考える現代的正義

香港デモに正義はあるのか。LGBTの問題点とは。地球温暖化は人類の危機なのか。中東問題の解決に向けて。神々の語る「正義」と「未来」が人類に示される。

1,400円

中国発・新型コロナウィルス感染 霊査

中国から世界に感染が拡大する新型ウィルスの真相に迫る！ その発生源や"対抗ワクチン"とは何かなど、宇宙からの警告とその背景にある天意を読み解く。

1,400円

CD+DVD

ウィズ・セイビア

作曲 大川隆法　歌 大川咲也加

編曲 大川咲也加・水澤有一

コロナ禍や天変地異等、危機の時代を生きる人々に、救世主と共に生きることを伝える壮大なスケールの聖歌。

El Cantare 大川隆法 Original Songs

詳細はコチラ

発売 幸福の科学出版　3,000円

※表示価格は本体価格（税別）です。

大川隆法霊言シリーズ・宇宙存在からのメッセージ

地球を見守る宇宙存在の眼

R・A・ゴールのメッセージ

メシア資格を持ち、地球の未来計画にも密接にかかわっている宇宙存在が、コロナ危機や米大統領選の行方、米中対立など、今後の世界情勢の見通しを語る。

1,400円

メタトロンの霊言

危機にある地球人類への警告

中国と北朝鮮の崩壊、中東で起きる最終戦争、裏宇宙からの侵略――。キリストの魂と強いつながりを持つ最上級天使メタトロンが語る、衝撃の近未来。

1,400円

UFOリーディング 地球の近未来を語る

2020年に著者が接近遭遇したUFOと宇宙人のリーディング集。敵方宇宙人や、防衛担当宇宙人、メシア型宇宙人など、8種類の宇宙人が語る地球文明の危機と未来。

1,400円

「UFOリーディング」写真集

謎の発光体の正体に迫る

2018年夏、著者の前に現れた60種類を超えるUFO。写真はもちろん、彼らの飛来の目的や姿等の詳細なリーディングが詰まった、衝撃の一書。

1,500円

大川隆法ベストセラーズ・**コロナ禍を乗り越えるために**

人の温もりの経済学

アフターコロナのあるべき姿

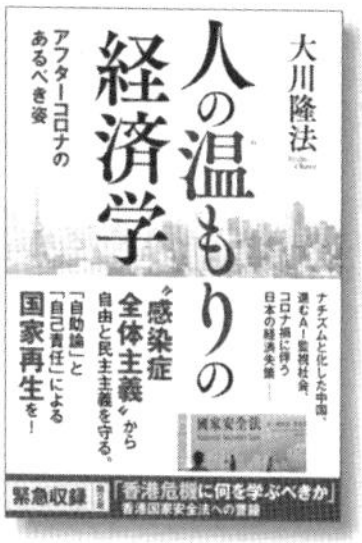

世界の「自由」を護り、「経済」を再稼働させるために──。コロナ禍で蔓延する全体主義の危険性に警鐘を鳴らし、「知恵のある自助論」の必要性を説く。

1,500円

コロナ不況下のサバイバル術

恐怖ばかりを煽るメディア報道の危険性や問題点、今後の経済の見通し、心身両面から免疫力を高める方法など、コロナ危機を生き延びる武器となる一冊。

1,500円

釈尊の未来予言

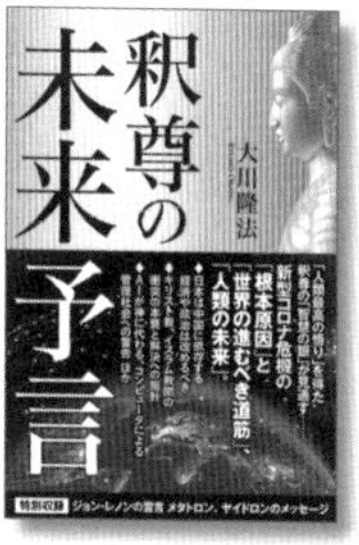

新型コロナ危機の今と、その先をどう読むか──。「アジアの光」と呼ばれた釈尊が、答えなき混沌の時代に、世界の進むべき道筋と人類の未来を指し示す。メタトロン、ヤイドロンの霊言も収録。

1,400円

CD THE THUNDER《ザ・サンダー》

─コロナウィルス撃退曲─

作曲 大川隆法　編曲 水澤有一

中国発・新型コロナを打ち祓う「電撃一閃」サウンド！天上界から降ろされた勇壮な楽曲です。

El Cantare 大川隆法 Original Songs

詳細はコチラ

発売 幸福の科学出版　1,000円

一度だけ、泣いた女。
美しき誘惑
〜現代の「画皮」〜
製作総指揮・原作／大川隆法
長谷川奈央　市原綾真　芦川よしみ　モロ師岡　矢部美穂　中西良太　デビット伊東　千眼美子（特別出演）　杉本彩　永島敏行
監督／赤羽博 音楽／水澤有一 脚本／大川咲也加 製作／幸福の科学出版 製作協力／ニュースター・プロダクション ARI Production
制作プロダクション／ジャンゴフィルム 配給／日活 配給協力／東京テアトル ©2021 IRH Press
2021年5月14日（金）ロードショー
utsukushiki-yuwaku.jp

正しき者よ、
戦え。
長編アニメーション映画
製作総指揮・原作 大川隆法
宇宙の法
エローヒム編
2021年秋 ROADSHOW

幸福の科学グループのご案内

宗教、教育、政治、出版などの活動を通じて、地球的ユートピアの実現を目指しています。

幸福の科学

一九八六年に立宗。信仰の対象は、地球系霊団の最高大霊、主エル・カンターレ。世界百四十カ国以上の国々に信者を持ち、全人類救済という尊い使命のもと、信者は、「愛」と「悟り」と「ユートピア建設」の教えの実践、伝道に励んでいます。

（二〇二一年一月現在）

愛

幸福の科学の「愛」とは、与える愛です。これは、仏教の慈悲《じひ》や布施《ふせ》の精神と同じことです。信者は、仏法真理をお伝えすることを通して、多くの方に幸福な人生を送っていただくための活動に励んでいます。

悟り

「悟り」とは、自らが仏の子であることを知るということです。教学《きょうがく》や精神統一によって心を磨き、智慧《ちえ》を得て悩みを解決すると共に、天使・菩薩《ぼさつ》の境地を目指し、より多くの人を救える力を身につけていきます。

ユートピア建設

私たち人間は、地上に理想世界を建設するという尊い使命を持って生まれてきています。社会の悪を押しとどめ、善を推し進めるために、信者はさまざまな活動に積極的に参加しています。

海外支援・災害支援

国内外の世界で貧困や災害、心の病で苦しんでいる人々に対しては、現地メンバーや支援団体と連携して、物心両面にわたり、あらゆる手段で手を差し伸べています。

自殺を減らそうキャンペーン

年間約２万人の自殺者を減らすため、全国各地で街頭キャンペーンを展開しています。

公式サイト **www.withyou-hs.net**

自殺防止相談窓口

受付時間　火～土:10～18時（祝日を含む）

TEL **03-5573-7707**　メール **withyou-hs@happy-science.org**

ヘレンの会

ヘレン・ケラーを理想として活動する、ハンディキャップを持つ方とボランティアの会です。視聴覚障害者、肢体不自由な方々に仏法真理を学んでいただくための、さまざまなサポートをしています。

公式サイト **www.helen-hs.net**

入会のご案内

幸福の科学では、大川隆法総裁が説く仏法真理《ぶっぽうしんり》をもとに、「どうすれば幸福になれるのか、また、他の人を幸福にできるのか」を学び、実践しています。

入会

仏法真理を学んでみたい方へ

大川隆法総裁の教えを信じ、学ぼうとする方なら、どなたでも入会できます。入会された方には、『入会版「正心法語《しょうしんほうご》」』が授与されます。

ネット入会　入会ご希望の方はネットからも入会できます。

happy-science.jp/joinus

三帰《さんき》誓願《せいがん》

信仰をさらに深めたい方へ

仏弟子としてさらに信仰を深めたい方は、仏《ぶっ》・法《ぽう》・僧《そう》の三宝《さんぽう》への帰依を誓う「三帰誓願式」を受けることができます。三帰誓願者には、『仏説・正心法語』『祈願文《きがんもん》①』『祈願文②』『エル・カンターレへの祈り』が授与されます。

幸福の科学 サービスセンター

TEL 03-5793-1727

受付時間／火～金:10～20時　土・日祝:10～18時（月曜を除く）

幸福の科学 公式サイト

happy-science.jp

ハッピー・サイエンス・ユニバーシティ

Happy Science University

ハッピー・サイエンス・ユニバーシティとは

ハッピー・サイエンス・ユニバーシティ(HSU)は、大川隆法総裁が設立された
「現代の松下村塾」であり、「日本発の本格私学」です。
建学の精神として「幸福の探究と新文明の創造」を掲げ、
チャレンジ精神にあふれ、新時代を切り拓く人材の輩出を目指します。

人間幸福学部　経営成功学部　未来産業学部

HSU長生キャンパス TEL **0475-32-7770**
〒299-4325　千葉県長生郡長生村一松丙 4427-1

未来創造学部

HSU未来創造・東京キャンパス
TEL **03-3699-7707**
〒136-0076　東京都江東区南砂2-6-5　公式サイト **happy-science.university**

学校法人 幸福の科学学園

学校法人 幸福の科学学園は、幸福の科学の教育理念のもとにつくられた教育機関です。人間にとって最も大切な宗教教育の導入を通じて精神性を高めながら、ユートピア建設に貢献する人材輩出を目指しています。

幸福の科学学園

中学校・高等学校(那須本校)
2010年4月開校・栃木県那須郡(男女共学・全寮制)
TEL **0287-75-7777** 公式サイト **happy-science.ac.jp**

関西中学校・高等学校(関西校)
2013年4月開校・滋賀県大津市(男女共学・寮及び通学)
TEL **077-573-7774** 公式サイト **kansai.happy-science.ac.jp**

仏法真理塾「サクセスNo.1」

全国に本校・拠点・支部校を展開する、幸福の科学による信仰教育の機関です。小学生・中学生・高校生を対象に、信仰教育・徳育にウエイトを置きつつ、将来、社会人として活躍するための学力養成にも力を注いでいます。

TEL 03-5750-0751（東京本校）

エンゼルプランV

東京本校を中心に、全国に支部教室を展開しています。信仰に基づいて、幼児の心を豊かに育む情操教育を行っています。また、知育や創造活動を通して、子どもの個性を大切に伸ばし、天使に育てる幼児教室です。

TEL 03-5750-0757（東京本校）

不登校児支援スクール「ネバー・マインド」

TEL 03-5750-1741

心の面からのアプローチを重視して、不登校の子供たちを支援しています。

ユー・アー・エンゼル！（あなたは天使！）運動

障害児の不安や悩みに取り組み、ご両親を励まし、勇気づける、障害児支援のボランティア運動を展開しています。

一般社団法人 ユー・アー・エンゼル

TEL 03-6426-7797

NPO活動支援

学校からのいじめ追放を目指し、さまざまな社会提言をしています。また、各地でのシンポジウムや学校への啓発ポスター掲示等に取り組む一般財団法人「いじめから子供を守ろうネットワーク」を支援しています。

公式サイト mamoro.org　ブログ blog.mamoro.org

相談窓口 TEL.03-5544-8989

百歳まで生きる会

「百歳まで生きる会」は、生涯現役人生を掲げ、友達づくり、生きがいづくりをめざしている幸福の科学のシニア信者の集まりです。

シニア・プラン21

生涯反省で人生を再生・新生し、希望に満ちた生涯現役人生を生きる仏法真理道場です。定期的に開催される研修には、年齢を問わず、多くの方が参加しています。

全世界212カ所（国内197カ所、海外15カ所）で開校中。

【東京校】 TEL 03-6384-0778　FAX 03-6384-0779

メール senior-plan@kofuku-no-kagaku.or.jp

幸福実現党

内憂外患《ないゆうがいかん》の国難に立ち向かうべく、2009年5月に幸福実現党を立党しました。創立者である大川隆法党総裁の精神的指導のもと、宗教だけでは解決できない問題に取り組み、幸福を具体化するための力になっています。

幸福実現党 釈量子サイト shaku-ryoko.net
Twitter 釈量子@shakuryokoで検索

党の機関紙
「幸福実現党NEWS」

幸福実現党　党員募集中

あなたも幸福を実現する政治に参画しませんか。

○幸福実現党の理念と綱領、政策に賛同する18歳以上の方なら、どなたでも参加いただけます。
○党費:正党員（年額5千円［学生 年額2千円］)、特別党員（年額10万円以上)、家族党員（年額2千円）
○党員資格は党費を入金された日から1年間です。
○正党員、特別党員の皆様には機関紙「幸福実現党NEWS(党員版)」(不定期発行）が送付されます。

＊申込書は、下記、幸福実現党公式サイトでダウンロードできます。
住所:〒107-0052　東京都港区赤坂2-10-8 6階 幸福実現党本部
TEL 03-6441-0754　FAX 03-6441-0764
公式サイト hr-party.jp

大川隆法　講演会のご案内

大川隆法総裁の講演会が全国各地で開催されています。講演のなかでは、毎回、「世界教師」としての立場から、幸福な人生を生きるための心の教えをはじめ、世界各地で起きている宗教対立、紛争、国際政治や経済といった時事問題に対する指針など、日本と世界がさらなる繁栄の未来を実現するための道筋が示されています。

2020 年 12 月 8 日　さいたまスーパーアリーナ
「"With Savior"(ウィズ・セイビア)—救世主と共に—」

2019年10月6日　ザ ウェスティン ハーバー キャッスル トロント(カナダ)
「The Reason We Are Here」

2019 年 12 月 17 日　さいたまスーパーアリーナ
「新しき繁栄の時代へ」

2019年3月3日　グランド ハイアット 台北(台湾)
「愛は憎しみを超えて」

2019年7月5日　福岡国際センター
「人生に自信を持て」

講演会には、どなたでもご参加いただけます。
最新の講演会の開催情報はこちらへ。⟹

大川隆法総裁公式サイト
https://ryuho-okawa.org